Salvados por la Suma

Libro uno del
plan de estudios la Fantasía de las matemáticas,
El Regalo de los Números

Rachel Rogers y Joe Lineberry

Ilustrado por Morgan Swofford

Prospective Press Academics

es una publicación de

PROSPECTIVE PRESS LLC

1959 Peace Haven Rd, #246, Winston-Salem, NC 27106 U.S.A.

www.prospectivepress.com

Publicado en los Estados Unidos de América por PROSPECTIVE PRESS LLC

SALVADOS POR LA SUMA

Derechos de autor © Rachel Rogers y Joe Lineberry, 2016
Todos los derechos reservados.
Se han asegurado los derechos morales del autor.

Ilustraciones © Morgan Swofford, 2016
Todos los derechos reservados.
Se han asegurado los derechos morales del ilustrador.

Número de control de la Biblioteca del Congreso: 2016953571

ISBN 978-1-943419-73-9

Salvados por la Suma es el primer volumen en el plan de estudios la Fantasía de las matemáticas, el regalo de los números.
Para información sobre volúmenes adicionales de la serie o para ventas al por mayor, por favor, enviar las consultas a
education@prospectivepress.com

Impreso en los Estados Unidos de América

1 3 5 7 9 10 8 6 4 2

El texto de este libro está compuesto por tipografía Mouse Memoirs
El texto acentuado está compuesto por tipografía Galindo

NOTA DEL EDITOR:

Este libro es un trabajo creativo de no ficción con elementos de fantasía. Las personas, los nombres, los personajes, los lugares, las actividades y los eventos representados o implícitos en este libro son producto de la imaginación del autor o se utilizan de manera ficticia. Cualquier semejanza con personas, lugares y eventos reales es sólo una coincidencia. Ningún número real sufrió daños durante la escritura de este libro.

Sin limitar los derechos como se reservan en los derechos de autor, ninguna parte de esta publicación podrá ser reproducida, almacenada o introducida en ningún sistema de recuperación, o transmitida – por ningún medio, en cualquier forma, electrónica, mecánica, fotocopiada, grabada, o de otra manera – sin el permiso previo y por escrito del editor. No sólo esta reproducción es ilegal y castigada por la ley, sino que también perjudica a los autores y al ilustrador que trabajaron duramente en la creación de este trabajo y al editor que lo presentó al mundo. En el espíritu del juego limpio y en honor a la labor y a la creatividad de los autores y del ilustrador, les solicitamos que compre sólo las ediciones electrónicas e impresas autorizadas de este trabajo y que se abstengan de participar en o alentar la piratería o la piratería electrónica de los materiales protegidos por los derechos de autor. Por favor, den una oportunidad a los creadores y no roben éste o cualquier otro trabajo.

Dedicado a nuestros maravillosos nietos:

Antes de que las personas vivieran en la tierra, todos los números vivían en dos países — la Tierra Par y la Nación Impar.

Todos los números pares vivían en Tierra Par.
El Rey 2 Más fue el gobernante de Tierra Par.

En Tierra Par, cada número podía ser dividido en dos grupos iguales sin ningún número restante.

Todos los demás números restantes vivían cruzando el río en la Nación Impar. Los números impares como 1, 3, 5, 7 y 9 hicieron sus casas allí. El Rey 1 Menos fue el gobernante de la Nación Impar.

Tú sabes, cada número impar no puede ser dividido en dos grupos iguales. Siempre debes tener un restante cuando divides un número impar.

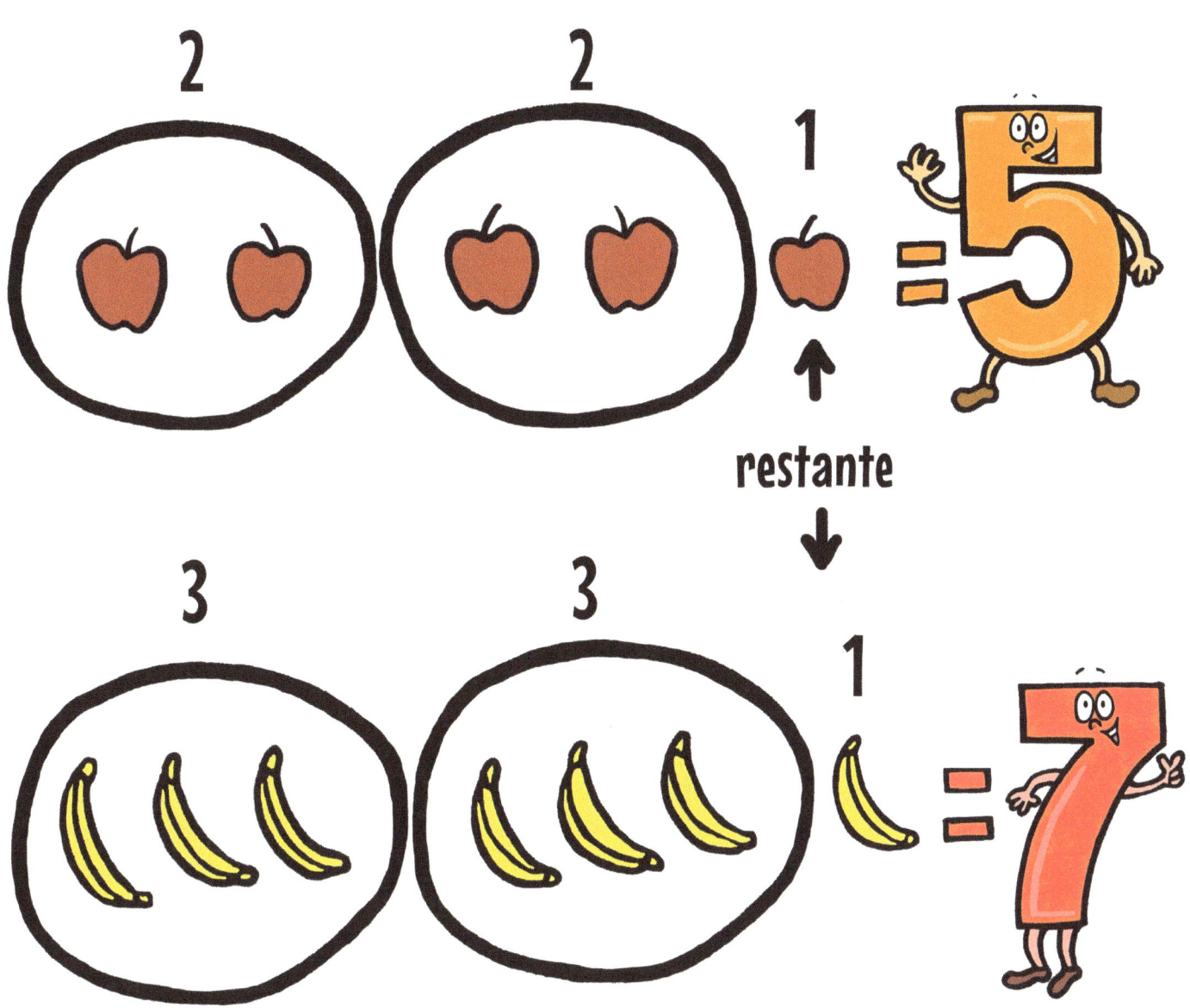

Los números pares e impares se quedaron en sus propios países. Los números pares sólo querían jugar con otros números pares.

Ellos decían, "Los números impares son tan diferentes. Tú no puedes dividir un número impar en dos grupos iguales."

Los números impares pensaban que los números pares también eran diferentes. Cada uno de ellos tenía secciones separadas en el Hospital Más en la Isla Menos.

Una noche, el Rey Más tuvo un sueño. Soñó sobre un mundo de personas, de niñas y niños.

Las niñas y los niños usaban los números para hacer la vida más fácil. Ellos compraban juguetes con su dinero. También, tenían puntajes en sus juegos. Los hermanos y las hermanas contaban los minutos antes de la hora de dormir.

Pero ellos tenían un gran problema. No tenían suficientes números. Las niñas y los niños estaban llorando. ¡No sabían qué hacer!

El Rey Más se despertó con una idea espléndida. ¡Debía hacer más números! Pero no estaba seguro de cómo hacerlo, pues nunca antes alguien había hecho números nuevos.

Compartió su sueño con el Doctor 8 Par en el Hospital Más. Después de unos pocos días en el laboratorio, el Doctor Par exclamó, "¡Hagamos una nueva operación! Esto hará famoso al Hospital Más. La llamaremos 'Suma.'"

Hagamos una pausa en nuestra historia para hablar sobre las operaciones. Cómo sabes, las personas doctores hacen operaciones quirúrgicas. Así mismo, los doctores números hacen operaciones matemáticas. Y ésta fue la primera.

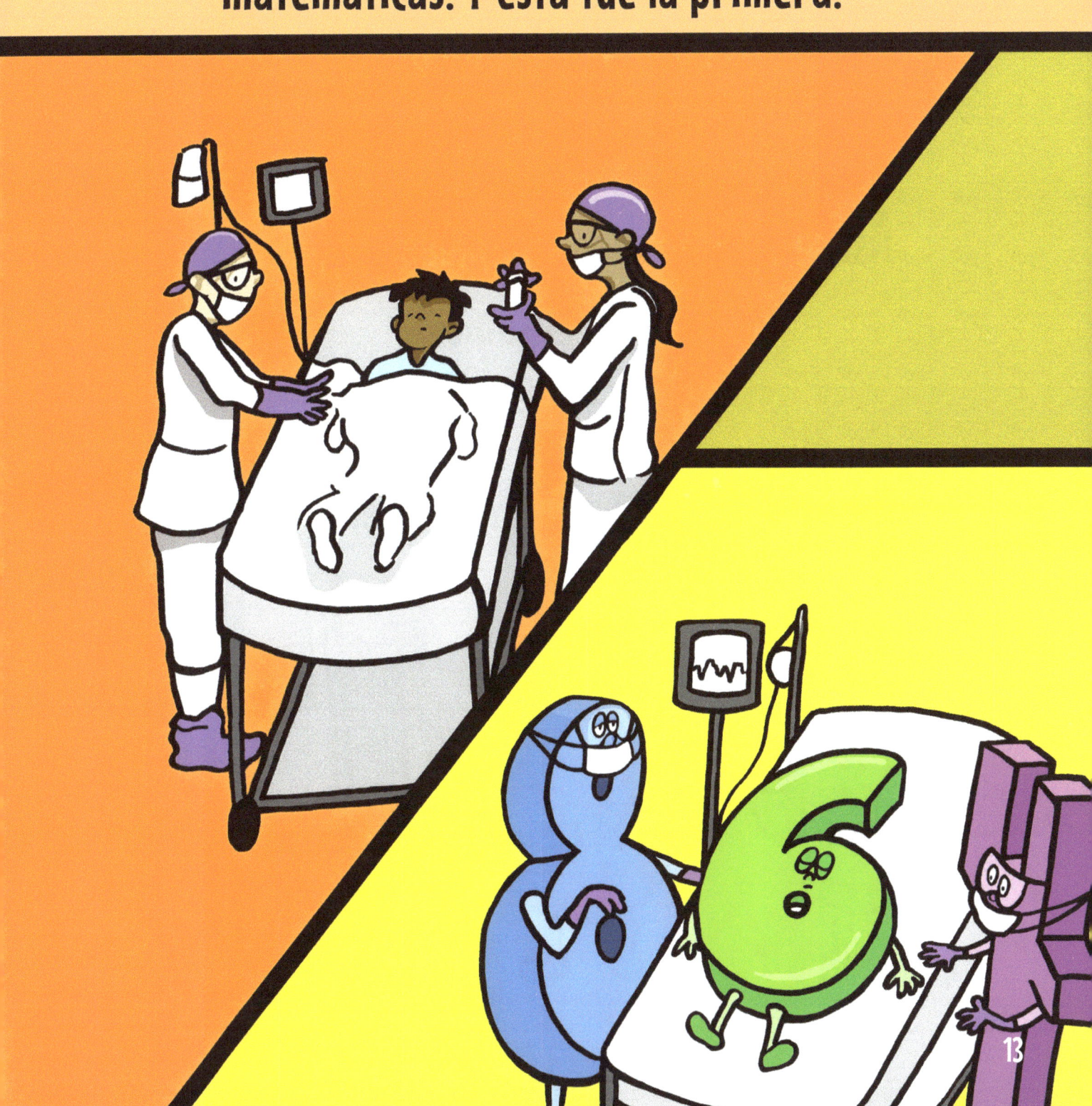

Regresemos a nuestra historia.

El Doctor Par inventó una nueva operación matemática. La llamó "suma." Los números 2 y 6 fueron los voluntarios para la operación.

El Doctor Par sumó:

$$2 + 6 = 8$$

Así se creó un nuevo número par, el 8.

Luego, él sumó:

$$8 + 6 = 14$$

Entonces, él hizo un nuevo número, el 14.

Los números pares de todo el país se unieron a la operación de la suma. La Tierra Par estaba creciendo cada día con nuevos niños número par.

Por supuesto, el Rey Más cambió el nombre del hospital a Hospital Más de Niños.

El Rey Menos de la Nación Impar conoció la historia.

Él sabía que las niñas y los niños del futuro también podrían necesitar más números impares.

Él llamó al Doctor 5 Impar en el hospital. Le pidió que tratara de sumar números impares para crear más números impares. Los números 1 y 5 fueron los voluntarios. El Doctor Impar los sumó a ambos:

1 + 5 = 6

¡Qué sorpresa!

Su operación de suma creó un nuevo número par, el 6, no un número impar.

El Doctor Impar no iba a rendirse tan fácilmente. Trató de nuevo con otros números impares:

7 + 3 = 10

Y, luego, volvió a tratar:

5 + 9 = 14

¡Ay, estaba frustrado! Se creaban más y más números pares con cada operación.

Por supuesto, los nuevos números 6, 10 y 14 se fueron a la Tierra Par. La operación de la suma no creaba más números impares para la Nación Impar.

La Nación Impar

Al Rey Menos le preocupaba que las niñas y los niños del futuro se quedaran sin números impares.

Algunas cosas sólo pasan para bien. Esto fue lo que sucedió, el joven número 6 y su amigo, el número 2, entraron en la sección de números impares del hospital. El número 6 quería visitar a su creador, el Doctor Impar.

Para evitar ser atrapado entre los números impares, el número 6 saltó sobre su cabeza para parecer como el número 9. El número 2 se volteó y parecía similar al número 7.

Cuando entraron en la sala de los números impares, tropezaron con el Doctor Impar y el Rey Menos. El número 2 se escondió detrás de una planta, pero el número 6 se volteó para mostrar quién era.

"Pareces como un número 9," gritó el Doctor Impar. "¡Oye! Acabo de tener una graciosa idea. Me pregunto qué sucedería si juntamos el 9 y el 6 y los sumamos. Ese número podría verse adorable."

Así que lo intentaron. El Rey Menos encontró al número 9, que estuvo de acuerdo en que esta operación podría ser divertida. Así, el Doctor Impar los sumó a ambos:

6 + 9 = 15

El Rey Menos quedó sin aliento. El Doctor Impar lloró de la felicidad. ¡Ellos habían hecho el primer número impar nuevo! El número 2 salió de su escondite, y el Doctor Impar trató de sumarlo a un número impar. Todavía funcionaba:

2 + 7 = 9

El Rey Menos hizo
una divertida fiesta para
el Doctor Impar y el número 6.
Comieron fruta fresca con yogur cremoso.
Cada uno estaba muy emocionado porque los
niños número impar estaban llenando el hospital.

La operación suma hizo cada día más números pares e impares. Las niñas y los niños del futuro tendrían los números suficientes para hacer sus vidas divertidas.

Ejercicio Salvados por la suma

Colorea los números impares del 1 al 49 de gris
Colorea los números impares del 50 al 99 de amarillo
Colorea los números pares del 1 al 49 de rojo
Colorea los números pares del 50 al 99 de azul

								22	14									
								38	8	20	18							
								44	24	36	16	10						
								51										
							81	77	75									
						67	79	99	69	65								
					73	85	83	61	71	89	87							
				63	53	55	59	57	93	91	97	95						
					70	98	66	52	70	66	94							
					88	54	60	90			82							
					64	84	54	78			74							
					52			80	66	84	94							
50		82		70		60		86	58	92	54		68		72		88	
64	98	66	52	42			90	76	50	54	78	72	68		94	56	90	76	84
84	56	92	80	62		96	56	58	88	76	54	70		60	78	70	54	50
	66	88	90		56	52	78	92	82	66	50			66	86	72		
	98		78	49		33		21		15		5		47		23	90	80
	62		54	3	17	11	35	7	33	11	27	45	47	7	17	49	54		64
	52		74	27	13	41	37	9	27	37	21	39	19	13	27	9	58		60
	80	96	72	33			21	3	17	35	23			25	50	62	70
	76	60	50	45			33	26	12	32	17			31	64	74	78
	68	94	66	39	15	39	9	37	4	42	28	19	25	7	19	47	88	82	96
	96	78	74	41	11	1	41	49	40	46	30	5	43	1	5	21	86	90	56
	58	56	90	23	27	17	23	43	6	48	12	25	39	37	3	33	58	52	64
	92	62	84	31	29	3	29	45	34	22	2	41	11	47	15	45	82	60	98

Preguntas para discutir

1. ¿Cómo puedes saber que un número es par? ¿Impar?

2. ¿De qué manera cambiaron los números pares e impares desde el comienzo hasta el final de la historia?

3. ¿Por qué Salvados por la suma es un buen título para este libro?

4. ¿Por qué crees que los autores escribieron este libro?

Solución Salvados por la suma

Sobre los Autores

Rachel Rogers
es una maestra de segundo grado en Old Richmond Elementary School, Winston-Salem, CN. Tiene más de 35 años de experiencia en la enseñanza en los grados primero, segundo y tercero.

Joe Lineberry
relató historias similares a sus hijos cuando estaban creciendo. También es el autor de *Let's Stop Playing Games: Finding Freedom in Authentic Living*.

www.ingramcontent.com/pod-product-compliance
Lightning Source LLC
Chambersburg PA
CBHW051255110526
44588CB00026B/2999